I084464Q

Stefan Stelzhammer

Emotionaler Missbrauch –
Ein Mediator berichtet aus seiner Berufspraxis

ISBN: 9798852541239

Inhaltsverzeichnis

Über mich

Als eingetragener Mediator habe ich mich auf die Vermittlung von Konflikten spezialisiert. Mein Ziel ist es, eine Win-Win-Situation für alle Beteiligten zu schaffen und langfristige Lösungen zu finden.

In meiner Arbeit als Mediator setze ich auf Empathie und Verständnis für beide Seiten. Ich höre aktiv zu und versuche, die Bedürfnisse aller Parteien herauszufinden. Dabei achte ich darauf, dass jeder seine Perspektive darlegen kann und sich gehört fühlt.

Durch gezielte Fragen bringe ich Klarheit in den Konfliktverlauf und erarbeite gemeinsam mit den Beteiligten mögliche Lösungsansätze. Hierbei lege ich großen Wert darauf, dass diese realistisch umsetzbar sind.

Meine Erfahrung zeigt mir immer wieder: Eine erfolgreiche Konfliktlösung basiert auf einer offenen Kommunikation sowie dem Willen beider Seiten zur Zusammenarbeit.

Da ich, neben meiner Tätigkeit als eingetragener Mediator auch fertigausgebildeter und erfahrener Versicherungs- und Vermögensberater bin, kann ich Ihnen in jeder Lebenslage unterstützend zur Seite stehen.

Als neutraler Dritter stehe ich Ihnen somit gerne und überall zur Seite - kontaktieren Sie mich einfach!

Vorwort

Die traumatischen Auswirkungen von emotionalem Missbrauch sind real. Seit jeher haben Opfer des emotionalen Missbrauchs darunter gelitten, aber oft wurde ihr Leid nicht erkannt oder akzeptiert. Aus diesem Grund ist es den Tätern ein Leichtes mit Ihrem Missbrauch fortzufahren und unentdeckt zu bleiben, was wiederum dazu führt, dass sich der nicht enden wollende Teufelskreis schließt – für die Opfer, wie für die Täter.

In diesem Werk möchte ich die Aufmerksamkeit auf den schrecklichen, aber allzu oft unterschätzten Missbrauch lenken. Ich werde Ihnen sowohl die Seite der Täter als auch jene der Opfer nahebringen, die Hintergründe auf beiden Seiten beleuchten und Lösungswege im Kontext meiner Erfahrungen als Mediator aufzeigen.

Emotionaler Missbrauch ist eine ernsthafte Bedrohung für die psychische Gesundheit und das Wohlbefinden von Betroffenen. Doch oft wird dieses Thema tabuisiert oder nicht ernst genug genommen! Aus diesem Grund ist es wichtig, die Thematik an die Oberfläche zu holen, damit wir gemeinsam gegen emotionalen Missbrauch kämpfen können und ein Stück weit dazu beitragen, für eine Welt ohne Gewalt einzutreten!

Emotionaler Missbrauch ist eine Form von Gewalt, die thematisch oft vernachlässigt wird. Es handelt sich um einen Prozess der Manipulation und Kontrolle, bei dem das Opfer gezielt verletzt wird. Der Täter nutzt dabei seine Macht oder Autorität aus, um das Opfer auf emotionaler Ebene zu unterdrücken.

Als eingetragener Mediator habe ich in meiner Praxis leider schon einige Fälle von emotionalem Missbrauch erlebt. Die Opfer waren meist Frauen, aber auch Männer können betroffen sein. Sie alle hatten eines gemeinsam: Sie fühlten sich hilflos, unverstanden und allein gelassen.

Der emotionale Missbrauch kann viele Formen annehmen. Er kann subtil sein und schleichend beginnen, indem der Täter das Selbstwertgefühl des Opfers systematisch untergräbt. Oft werden auch Schuldgefühle erzeugt oder es werden Drohungen ausgesprochen.
In manchen Fällen geht der emotionale Missbrauch auch mit körperlicher Gewalt einher. Hierbei spricht man dann von einer besonders schweren Form des Missbrauchs.

Es ist wichtig zu verstehen, dass emotionaler Missbrauch genauso schädlich sein kann wie physischer Missbrauch. Das Opfer leidet oft über Jahre hinweg und trägt schwere psychische Schäden davon. Als Mediator möchte ich mich dafür einsetzen, dass Opfern von emotionalem Missbrauch geholfen wird. Ich unterstütze diese dabei, ihre Erfahrungen zu teilen und sich ihrer eigenen Stärke (wieder) bewusst zu werden.

In meinen Mediationssitzungen arbeite ich daran, die traumatischen Erfahrungen aufzuarbeiten und Strategien zu entwickeln, um sich aus der Opferrolle zu befreien. Dabei geht es auch darum, das Selbstwertgefühl wieder aufzubauen und ein gesundes Verhältnis zu anderen Menschen zu entwickeln.

Ich möchte betroffenen Personen daher Mut machen, Hilfe in Anspruch zu nehmen: Es gibt Unterstützung und Wege aus dieser schmerzhaften Situation herauszukommen! Niemand muss allein mit emotionaler Gewalt leben!

Definition von emotionalem Missbrauch

Emotionaler Missbrauch ist eine Form von Gewalt, die oft schwer zu erkennen und zu verstehen ist. Es handelt sich um Verhaltensweisen, die darauf abzielen, das Selbstwertgefühl einer Person zu mindern und sie emotional zu manipulieren.

Typische Merkmale von emotionalem Missbrauch sind unter anderem ständige Kritik und Abwertung, Isolation von Freunden und Familie oder das Schüren von Schuldgefühlen. Häufig geht damit einher, dass der Täter versucht, die Kontrolle über den anderen auszuüben und ihn gezielt einzuschüchtern.

Emotionaler Missbrauch kann langfristig schwere psychische Schäden verursachen. Betroffene fühlen sich häufig hilflos und allein gelassen. Sie haben Schwierigkeiten, ihr eigenes Verhalten einzuschätzen und leiden unter einem starken Mangel an Selbstvertrauen.

Es ist wichtig zu betonen, dass emotionaler Missbrauch ebenso wie körperliche Gewalt niemals akzeptabel ist! Wenn Sie selbst oder jemand in Ihrem Umfeld davon betroffen sind, sollten Sie unbedingt professionelle Hilfe in Anspruch nehmen. Nur so können Sie lernen, mit den Folgen des Missbrauchs umzugehen und sich wieder sicher und geborgen fühlen.

Es ist jedoch oft schwierig, den Mut aufzubringen und sich Hilfe zu suchen. Viele Betroffene schämen sich für das, was ihnen widerfahren ist oder haben Angst vor möglichen Konsequenzen.

Doch es gibt zahlreiche Organisationen und Beratungsstellen, die ihnen helfen können. Eine Möglichkeit wäre beispielsweise eine Therapie bei einem Psychotherapeuten oder Psychologen. Dort können die Betroffenen in geschütztem Rahmen über ihre Erfahrungen sprechen und lernen, mit ihren Gefühlen umzugehen. Auch Selbsthilfegruppen bieten Unterstützung durch den Austausch mit anderen Betroffenen.

Wichtig ist auch ein offenes Gespräch mit Freunden oder Familienmitgliedern sowie gegebenenfalls rechtliche Schritte gegen den Täter einzuleiten.

Niemand sollte allein mit dem Trauma des Missbrauchs kämpfen müssen – professionelle Hilfe kann dabei unterstützen, wieder Vertrauen in andere Menschen aufbauen zu können und ein selbstbestimmtes Leben ohne Angst führen zu dürfen.

Formen von emotionalem Missbrauch

Emotionaler Missbrauch ist eine Form von Gewalt, die oft schwer zu erkennen ist. Es geht um Verhaltensweisen, die das Selbstwertgefühl und die Autonomie einer Person beeinträchtigen und sie in Abhängigkeit halten.

Eine der häufigsten Arten emotionalen Missbrauchs ist die Kritik und Herabsetzung. Eine Person wird ständig kritisiert, beleidigt oder lächerlich gemacht. Dadurch wird ihr Selbstbewusstsein geschwächt und sie fühlt sich minderwertig.

Ein weiteres Beispiel für emotionalen Missbrauch ist das Ignorieren oder Zurückhalten von Zuneigung. Eine Person wird ignoriert oder abgewiesen, wenn sie Zuneigung sucht, was dazu führen kann, dass sie sich ungeliebt und allein gelassen fühlt.

Manipulation ist auch eine Form des emotionalen Missbrauchs. Eine Person wird manipuliert, um ihre Entscheidungen zu beeinflussen oder ihre Handlungen zu kontrollieren. Dies kann durch Schuldzuweisungen, Lügen oder Drohungen geschehen.

Eine weitere Form von emotionalem Missbrauch ist das Isolieren einer Person von ihren Freunden und ihrer Familie. Wenn jemand isoliert wird, kann er sich hilflos und abhängig fühlen.

Schließlich gibt es auch den Druck zur sexuellen Aktivität als Form des emotionalen Missbrauchs. Eine Person wird gezwungen oder unter Druck gesetzt, sexuelle Handlungen auszuführen, obwohl sie dies nicht möchte. Das kann dazu führen, dass sie sich schuldig oder beschämt fühlt.

Es ist wichtig zu erkennen, dass emotionaler Missbrauch genauso schädlich sein kann wie körperlicher Missbrauch. Er kann zu Depressionen, Angstzuständen und anderen psychischen Erkrankungen führen. Wenn Sie oder jemand, den Sie kennen, Opfer von emotionalem Missbrauch sind, suchen Sie Hilfe bei einem Fachmann oder einer Beratungsstelle in Ihrer Nähe. Hierbei können Sie auch gerne auf die Hilfe eines Mediators zurückgreifen und mich kontaktieren!

Wo man emotionalen Missbrauch findet

Emotionaler Missbrauch findet sich in allen Gesellschaftsschichten und menschlichen Beziehungsgeflechten wieder und kann daher überall und zu jedem Zeitpunkt auftreten.

<u>In der Familie</u>
Emotionaler Missbrauch in der Familie ist eine sehr häufige Form des emotionalen Missbrauchs. Dieser kann durch Eltern, Geschwister oder andere Familienmitglieder verursacht werden und hat oft langfristige Auswirkungen auf das Opfer.

Ein Beispiel für emotionalen Missbrauch in der Familie ist ständiges Kritisieren und Herabsetzen eines Kindes durch seine Eltern. Dies kann dazu führen, dass das Kind ein geringes Selbstwertgefühl entwickelt und Schwierigkeiten hat, Beziehungen zu anderen Menschen aufzubauen.

Eine weitere Form von emotionalem Missbrauch in der Familie ist die Vernachlässigung eines Kindes. Wenn ein Elternteil nicht genug Zeit mit seinem Kind verbringt oder ihm keine Aufmerksamkeit schenkt, kann dies dazu führen, dass sich das Kind ungeliebt und unwichtig fühlt.

Aber auch übermäßiger Schutz vor Gefahren oder Einschränkung von Freiheiten können als emotionaler Misshandlung betrachtet werden. Diese Art von Verhalten hindert Kinder daran ihre eigenen Entscheidungen zu treffen sowie Erfahrungen im Leben zu sammeln, um daraus lernen zu können.

Es gibt viele verschiedene Arten des emotionalen Missbrauchs innerhalb einer Familie; alle haben jedoch eins gemeinsam: Sie beeinträchtigen die psychische Gesundheit des Opfers erheblich. Es ist daher wichtig sicherzustellen, dass diese Art von Gewalttätigkeit gegenüber dem Opfer gestoppt wird, um negative Folgen abzuwehren. Denn emotionaler Missbrauch kann langfristige Auswirkungen auf das Opfer haben, wie zum Beispiel Depressionen, Angstzustände oder Bindungsprobleme. Auch im Erwachsenenalter können die Folgen noch spürbar sein und sich in Beziehungsproblemen oder einem geringen Selbstwertgefühl äußern.

Es ist daher wichtig, dass wir uns als Gesellschaft bewusster mit dem Thema auseinandersetzen und Betroffenen helfen. Dazu gehört auch eine Sensibilisierung der Öffentlichkeit sowie ein besseres Verständnis für die Symptome von emotionalem Missbrauch. Wenn Sie den Verdacht haben, dass jemand in Ihrem Umfeld betroffen ist, sollten Sie nicht zögern Hilfe anzubieten. Es gibt zahlreiche Beratungsstellen und Organisationen, die Unterstützung anbieten können. Gemeinsam können wir dazu beitragen diese Form des Missbrauchs zu bekämpfen und Kindern sowie Erwachsenen ein gesundes Leben ohne psychische Belastungen ermöglichen!

In der Partnerschaft
In der Partnerschaft ist es wichtig, aufmerksam zu sein und bei Anzeichen von emotionalem Missbrauch frühzeitig einzugreifen. Hierbei kann eine offene Kommunikation helfen sowie das Aufzeigen der Grenzen des akzeptablen Verhaltens.

Es ist ebenfalls ratsam, sich im Vorfeld über die Thematik zu informieren und gegebenenfalls professionelle Hilfe in Anspruch zu nehmen.

Zusammenfassend lässt sich sagen: Emotionaler Missbrauch ist eine Form von Gewalt, die oft unterschätzt wird und schwerwiegende Folgen für Betroffene haben kann. Wir alle tragen jedoch dazu bei, diese Art von Misshandlung zu bekämpfen – indem wir uns bewusst damit auseinandersetzen, sensibilisieren und Unterstützung anbieten. Nur so können wir gemeinsam dafür sorgen, dass Kinder wie Erwachsene frei von psychischen Belastungen leben können.

Dazu gehört auch, dass wir uns selbst reflektieren und unser eigenes Verhalten kritisch hinterfragen. Denn oft sind es unbewusste Handlungen oder Worte, die bei anderen Menschen Schmerz und Leid auslösen können. Es ist wichtig zu erkennen, dass emotionaler Missbrauch genauso schädlich sein kann wie physische Gewalt. Die Auswirkungen auf das Selbstwertgefühl und die Psyche der Betroffenen können langfristig sein und sogar zu schweren psychischen Erkrankungen führen!

Als Gesellschaft müssen wir daher ein Bewusstsein für diese Thematik schaffen und aktiv gegen emotionalen Missbrauch vorgehen. Das beginnt bereits in der Familie, wo Eltern ihren Kindern liebevoll begegnen sollten, anstatt sie verbal herabzuwürdigen oder ihnen ständig Vorhaltungen zu machen. Aber auch im Freundeskreis oder am Arbeitsplatz sollten wir achtsam miteinander umgehen – denn niemand sollte sich jemals unwohl oder verletzt fühlen müssen durch das Verhalten anderer Menschen.

Insgesamt gilt: Wir alle haben eine Verantwortung dafür, unsere Mitmenschen vor emotionaler Misshandlung zu schützen. Nur so können wir gemeinsam eine Welt erschaffen, in der jeder Mensch frei von Angst leben kann - sei es nun vor physischer als auch psychischer Gewalt.

Im Freundeskreis

Im Freundeskreis ist es besonders wichtig, aufeinander zu achten und sich gegenseitig zu unterstützen. Wir sollten uns Zeit nehmen für Gespräche und ein offenes Ohr füreinander haben. Auch kleine Gesten wie eine Umarmung oder ein Kompliment können viel bewirken.

Am Arbeitsplatz, beispielsweise, ist es ebenfalls von großer Bedeutung, respektvoll miteinander umzugehen. Mobbing oder Bossing sind hier leider keine Seltenheit – doch jeder Einzelne kann dazu beitragen, dass dies nicht passiert. Indem wir unsere Freunde und Kollegen wertschätzen und ihnen mit Freundlichkeit begegnen, schaffen wir eine positive Atmosphäre im Team.

Letztendlich geht es darum, Mitgefühl in unser tägliches Handeln einzubauen – sei es gegenüber Freunden, Familie oder Fremden auf der Straße. Denn nur wenn wir empathisch handeln und uns in die Lage anderer hineinversetzen können, werden wir auch selbst glücklicher sein. In einer Welt voller Hass und Gewalt brauchen wir mehr Liebe und Verständnis füreinander - lasst uns gemeinsam dafür sorgen! Denn wenn wir uns gegenseitig respektieren und unterstützen, können wir gemeinsam Großes erreichen.

Wir sollten uns daran erinnern, dass jeder von uns einzigartig ist und seine eigenen Herausforderungen hat. Indem wir Mitgefühl zeigen, können wir diese Herausforderungen besser bewältigen und unseren Alltag positiver gestalten. Es geht nicht darum, perfekt zu sein oder immer alles richtig zu machen – sondern vielmehr um den Versuch, unser Bestes zu geben. Also lasst uns anfangen: Sagen Sie Ihrem Kind, Partner, Freund oder Kollegen heute etwas Nettes oder helfen Sie einem Fremden auf der Straße. Kleine Gesten können einen großen Unterschied machen – für andere Menschen ebenso wie für unsere eigene Zufriedenheit im Leben.

In der Arbeitswelt

In der Berufswelt ist Mitgefühl oft ein unterschätztes Gut. Doch gerade dort kann es einen enormen Einfluss auf das Arbeitsklima und die Produktivität haben. Wenn wir uns gegenseitig unterstützen, anstatt uns ständig zu kritisieren oder zu konkurrieren, können wir gemeinsam viel mehr erreichen. Und auch im Umgang mit Kunden ist Mitgefühl unerlässlich. Indem wir deren Bedürfnisse verstehen und darauf eingehen, schaffen wir eine positive Beziehung und erhöhen die Chance auf zufriedene Kunden – was wiederum gut für unser Geschäft ist.

Insgesamt sollten wir alle versuchen, mehr Mitgefühl in unseren Alltag zu integrieren. Es kostet nichts außer etwas Zeit und Aufmerksamkeit – aber der Nutzen für unsere Gesellschaft sowie unser eigenes Wohlbefinden sind unbezahlbar. Also lassen Sie uns heute damit beginnen!

Amtsmissbrauch

Die Bezeichnung „Amtsmissbrauch" meint, dass eine Autorität emotionalen Missbrauch verursacht.

Neben dem Mangel an Mitgefühl kann auch der Missbrauch von Autorität zu emotionaler Belastung führen. Amtsmissbrauch ist ein ernstes Problem, das in vielen Bereichen vorkommt – sei es am Arbeitsplatz oder bei öffentlichen Institutionen.

Wenn Menschen ihre Position nutzen, um andere zu unterdrücken oder auszunutzen, verursacht dies nicht nur emotionale Schmerzen für die Betroffenen, sondern schadet auch dem Vertrauen und der Integrität des Systems insgesamt.

Es ist wichtig, dass wir uns bewusst sind über unsere Rolle als Autoritäten und wie unser Handeln auf andere wirkt. Wir sollten uns bemühen fair und respektvoll mit unseren Mitmenschen umzugehen – unabhängig davon, ob sie eine niedrigere Position haben oder nicht. Indem wir diese Werte leben und fördern können wir dazu beitragen eine Kultur des Respekts sowie Empathie aufbauen - was wiederum gut für alle Beteiligten ist! Denn eine Kultur des Respekts und der Empathie fördert nicht nur das Wohlbefinden aller Beteiligten, sondern auch die Produktivität und Effizienz in Arbeitsumgebungen.

Mitarbeiter fühlen sich wertgeschätzt und motiviert, was zu einer höheren Leistungsbereitschaft führt. Auch im privaten Umfeld sollten wir uns bewusst sein über unser Handeln gegenüber anderen. Eine respektvolle Kommunikation sowie ein achtsamer Umgang miteinander sind Grundvoraussetzungen für eine harmonische Beziehung. In Zeiten von Social Media ist es umso wichtiger geworden auf unsere Wortwahl zu achten – denn online können unsere Äußerungen schnell verbreitet werden und große Auswirkungen haben. Auch hier gilt: Fairness, Respekt und Empathie sollten stets im Vordergrund stehen.

Zusammenfassend lässt sich sagen: Ein respektvoller Umgang mit unseren Mitmenschen sollte selbstverständlich sein – sowohl in beruflichen als auch privaten Kontexten. Nur so können wir dazu beitragen eine positive Atmosphäre aufrechtzuerhalten sowie Vertrauen untereinander aufbauen!

Emotionaler Missbrauch und Liebe

Emotionaler Missbrauch hat auch in der Liebe viele Gesichter.

<u>Liebesentzug</u> ist eine der schlimmsten Strafen, die man einem Menschen zufügen kann. Es ist ein emotionaler Schmerz, der tief in das Herz eindringt und dort lange Zeit verweilt. Der Verlust von Liebe kann dazu führen, dass sich jemand isoliert und allein fühlt. Es gibt viele Gründe für den Liebesentzug: Betrug, Lügen oder einfach nur mangelnde Aufmerksamkeit können dazu führen. Aber egal aus welchem Grund es passiert - es tut weh. Manchmal wird der Liebesentzug bewusst als Manipulationsmittel eingesetzt. Eine Person möchte ihren Willen durchsetzen oder Rache nehmen und entzieht dem anderen ihre Zuneigung absichtlich. Das Opfer bleibt dann oft ratlos zurück und fragt sich: "Was habe ich falsch gemacht?". In einer Beziehung sollte jedoch niemand jemals mit Liebe spielen oder sie als Waffe benutzen dürfen. Niemand verdient es, so behandelt zu werden! Wenn Sie selbst unter Liebesentzug leiden, sollten Sie sich nicht scheuen Hilfe zu suchen - sei es bei Freunden oder professionellen Therapeuten -, um Ihre Gefühle zu verarbeiten und wieder Selbstvertrauen aufzubauen. Und, wenn Sie selbst jemandem gegenüber lieblos geworden bist: Überlege Sie gut, warum das so gekommen ist; ob Ihr Gegenüber wirklich etwas getan hat was diesen Entzug rechtfertigt? Wenn ja, sprechen Sie offen darüber anstatt ihn/sie ohne Erklärung im Regen stehen lassen! Denn auch hier gilt immer noch die goldene Regel des Zusammenlebens: Behandle andere so wie Du selbst behandelt werden möchtest!

Bloßstellen und Verletzen anderer Menschen ist niemals akzeptabel und sollte vermieden werden. Es kann auch hilfreich sein, sich bewusst zu machen, dass jeder Mensch Fehler macht und dass es wichtig ist, diese Fehler zu verzeihen. Wenn wir anderen vergeben können, können wir uns selbst auch leichter vergeben und so eine positive Einstellung gegenüber uns selbst entwickeln. Letztendlich geht es darum, Liebe in unser Leben zu bringen - sowohl für andere als auch für uns selbst. Indem wir liebevoll mit anderen umgehen und ihnen helfen ihre Ziele zu erreichen oder sie einfach unterstützen, wo immer dies möglich ist, sind wir auf dem besten Weg ein glückliches Leben voller Freude und Erfüllung zu führen.

Gaslighting ist ein Verhalten, das dieser Liebe und Unterstützung im Wege stehen kann. Es ist wichtig, sich bewusst zu machen, dass es nicht in Ordnung ist und dass wir uns selbst schützen müssen. Dazu gehört auch die Fähigkeit, Grenzen zu setzen. Wenn jemand versucht uns dazu zu bringen Dinge zu tun oder Entscheidungen zu treffen gegen unseren Willen oder unsere Überzeugungen - dann sollten wir diese Person darauf hinweisen und klare Grenzen setzen.

Love Bombing (der Täter überschüttet das Opfer mit Aufmerksamkeit und Liebe, damit das Opfer den Täter in seinen Lebensmittelpunkt rückt) ist eine weitere Taktik, die von manipulativen Personen angewendet wird. Dabei überhäufen sie uns mit Komplimenten und Aufmerksamkeit, um unsere Bindung zu ihnen zu stärken und unser Vertrauen zu gewinnen. Doch auch hier sollten wir wachsam sein und nicht blindlings alles glauben. Es ist wichtig, dass wir uns selbst treu bleiben und auf unsere Intuition hören. Wenn etwas nicht stimmt oder sich falsch anfühlt, dann sollten wir das ernst nehmen und handeln.

Wir haben das Recht darauf respektvoll behandelt zu werden - sowohl von anderen als auch von uns selbst.

Ghosting und Gaslighting (Ghosting: unbegründeter, unerwarteter Kontaktabbruch seitens des Täters / Gaslighting: das Opfer an seiner realen Wahrnehmung zweifeln zu lassen) und andere Formen von emotionaler Manipulation haben keinen Platz in einer gesunden Beziehung. Wir sollten uns stattdessen darauf konzentrieren, einander zu unterstützen und unsere individuellen Stärken zu fördern. Es ist wichtig zu verstehen, dass wir nicht für die Handlungen anderer verantwortlich sind - auch wenn sie versuchen uns das Gegenteil einzureden. Wenn jemand versucht uns dazu zu bringen etwas gegen unseren Willen oder unsere Überzeugungen hinwegzutun, sollten wir klar und deutlich Grenzen setzen. Indem wir lernen auf unser Bauchgefühl sowie unsere Intuition zu hören können wir frühzeitig erkennen, ob eine Person es ernst mit uns meint oder nur ihre eigenen Interessen verfolgt. Es ist okay nein sagen zu dürfen - denn letztendlich geht es darum authentisch sein Leben zu leben ohne sich dabei manipulieren lassen zu müssen!

Entwertung und Abwertung sollten keinen Platz in unserem Umgang miteinander haben. Stattdessen sollten wir uns gegenseitig unterstützen und stärken, um gemeinsam zu wachsen und unser volles Potenzial auszuschöpfen. Doch auch wenn es wichtig ist, auf unsere Intuition zu hören und klare Grenzen zu setzen, dürfen wir nicht vergessen, dass jeder Mensch seine eigenen Herausforderungen hat. Manche Menschen sind sich ihrer manipulativen Verhaltensweisen vielleicht gar nicht bewusst oder haben Schwierigkeiten damit umzugehen.

In solchen Fällen kann es hilfreich sein, mit Empathie sowie Offenheit an die Situation heranzugehen und eine konstruktive Kommunikation anzustreben. Denn nur so können Missverständnisse geklärt werden und ein respektvoller Umgang miteinander ermöglicht werden.

Stalking, Mobbing und Manipulation haben in einer solchen Welt keinen Platz. Jeder Mensch hat das Recht auf Selbstbestimmung und ein Leben frei von Angst und Zwang. Doch wie können wir uns vor manipulativen Verhaltensweisen schützen? Zunächst einmal ist es wichtig, unsere eigenen Grenzen zu kennen und diese auch klar zu kommunizieren. Wenn jemand versucht, uns gegen unseren Willen zu beeinflussen oder auszunutzen, sollten wir deutlich machen, dass dies für uns nicht akzeptabel ist. Auch eine gesunde Portion Skepsis kann helfen: Wenn etwas zu schön klingt, um wahr zu sein oder wenn unser Bauchgefühl Alarm schlägt, sollten wir vorsichtig sein.

Übertriebene Kontrolle und Ausnutzung von Schwächeren: Wir sollten uns bewusst machen, dass jeder Mensch gleichwertig ist und das Recht auf Respekt hat. Dazu gehört auch, dass wir unsere eigenen Grenzen kennen und diese deutlich kommunizieren können. Wenn jemand versucht uns zu manipulieren oder auszunutzen müssen wir in der Lage sein "Nein" zu sagen und für uns einzustehen - ohne dabei ein schlechtes Gewissen haben zu müssen. Respektvolles Verhalten bedeutet aber nicht nur darauf achten, was man sagt, sondern auch wie man es sagt. Eine freundliche Art kann oft mehr bewirken als harte Worte oder Vorwürfe.

Nachstellen, Mobbing oder Diskriminierung haben in einer solchen Gesellschaft keinen Platz mehr. Stattdessen sollten wir uns gegenseitig unterstützen und respektvoll miteinander umgehen. Respekt beginnt bei jedem Einzelnen von uns. Wir können alle dazu beitragen, indem wir auf unsere Sprache achten, anderen zuhören und ihre Meinungen akzeptieren sowie ihnen mit Freundlichkeit begegnen. Auch das Eingreifen bei unangemessenem Verhalten ist wichtig - denn wer schweigt stimmt oft indirekt zu.

Psychische Gewalt ist genauso schädlich wie körperliche Gewalt und kann langfristige Auswirkungen auf das Opfer haben. Deshalb sollten wir uns bewusst sein, welche Worte und Taten andere verletzen können. Es ist auch wichtig zu erkennen, dass jeder Mensch anders ist und unterschiedliche Bedürfnisse hat. Wir sollten uns bemühen, die Perspektiven anderer zu verstehen und ihre Grenzen respektieren. In einer Welt voller Konflikte und Meinungsverschiedenheiten brauchen wir mehr denn je eine Kultur des Respekts.

Tätergruppe

Es gibt verschiedene Tätergruppen, die emotionalen Missbrauch ausüben können. Eine häufige Gruppe bilden die Partner oder Ehepartner, die ihre Macht und Kontrolle über den anderen missbrauchen. Sie nutzen oft subtile Manipulationstechniken wie Gaslighting (die Wahrnehmung der Realität des Opfers verdrehen) oder ständige Kritik, um das Selbstwertgefühl des Opfers zu untergraben.

Eine weitere Tätergruppe sind Eltern oder Erziehungsberechtigte, die ihre Kinder emotional vernachlässigen oder missbrauchen. Dies kann durch Überforderung der Eltern entstehen aber auch gezielt eingesetzt werden, um das Kind klein zu halten und abhängig von den Eltern zu machen.

Auch in Institutionen wie Schulen und Arbeitsplätzen kommt es immer wieder vor, dass Vorgesetzte ihre Machtposition ausnutzen, indem sie SchülerInnen bzw. MitarbeiterInnen systematisch herabwürdigen und kritisieren - dies führt dazu, dass sich Betroffene nicht mehr trauen eigene Entscheidungen zu treffen, sondern nur noch auf Anweisungen warten.

Nicht zuletzt können auch Freunde oder Bekannte emotionale Gewalt anwenden – zum Beispiel, wenn jemand versucht einen Freundeskreis gegen eine Person aufzuhetzen, indem er Lügen verbreitet.

All diese Formen und Tätergruppen des emotionalen Missbrauchs haben eins gemeinsam: Es geht darum dem Gegenüber ein Gefühl der Ohnmacht einzureden damit dieses seine eigenen Bedürfnisse zurückstellt zugunsten der Wünsche des/der Täters/Täterin.

Emotionaler Missbrauch kann schwerwiegende Auswirkungen auf das Opfer haben, wie zum Beispiel Depressionen, Angstzustände und ein geringes Selbstwertgefühl. Es ist wichtig zu verstehen, dass emotionaler Missbrauch genauso schädlich sein kann wie physischer oder sexueller Missbrauch. Es ist daher von großer Bedeutung, dass Betroffene sich Hilfe suchen und Unterstützung erhalten – sei es durch Freunde und Familie oder professionelle Beratungsstellen. Wenn Sie selbst betroffen sind oder jemanden kennen der/die unter emotionalem Missbrauch leidet, zögern Sie nicht sich an eine entsprechende Stelle zu wenden. Niemand sollte jemals das Gefühl haben hilflos ausgeliefert zu sein – es gibt immer Wege aus einer solchen Situation herauszufinden!

Charakteristika der Tätergruppe

Warum oder wie wird man zum Täter? Es gibt keine einfache Antwort auf diese Frage, da die Gründe und Voraussetzungen für kriminelles Verhalten von Person zu Person unterschiedlich sein können. Dennoch lassen sich einige Faktoren identifizieren, die das Risiko erhöhen, dass jemand zum Täter wird.

Ein wichtiger Faktor ist beispielsweise eine schwierige Kindheit oder Jugend. Menschen, die in einem Umfeld aufwachsen, das geprägt ist von Gewalt, Dominanz und Vernachlässigung durch Eltern oder andere Bezugspersonen haben ein höheres Risiko später selbst gewalttätig zu werden – körperlich wie psychisch.

Auch psychische Erkrankungen wie Persönlichkeitsstörungen oder Suchterkrankungen können dazu führen, dass Menschen Straftaten in Form von emotionalem Missbrauch begehen. Hierbei spielen auch genetische Faktoren eine Rolle: Eine familiäre Vorbelastung kann das Risiko für bestimmte Störungsbilder erhöhen.

Neben diesen individuellen Aspekten spielen aber auch gesellschaftliche Bedingungen eine Rolle bei der Entstehung von Tätern. So können etwa Diskriminierungserfahrungen (beispielsweise aufgrund des eigenen Geschlechts oder der ethnischen Herkunft) ein Grund dafür sein, dass man andere Menschen emotional missbraucht.

Insgesamt lässt sich sagen: Es gibt nicht den einen Grund dafür, weshalb jemand zum Täter wird. Die Ursachen sind vielfältig und komplex und von Täter zu Täter individuell.

Konsequenzen von emotionalem Missbrauch für die Tätergruppe

Emotionaler Missbrauch kann nicht nur für die Opfer, sondern auch für die Täter schwerwiegende Konsequenzen haben. Oftmals sind sich diese jedoch gar nicht bewusst, dass ihr Verhalten emotional missbräuchlich ist oder welche Auswirkungen es auf andere hat.

Wenn sie jedoch erkennen und akzeptieren, dass ihr Verhalten falsch war und Schaden verursacht hat, können sie beginnen zu reflektieren und an ihrem eigenen Verhaltensmuster arbeiten. Dies erfordert oft viel Arbeit an der eigenen Persönlichkeit sowie eine intensive Auseinandersetzung mit den eigenen Emotionen.

Durch diesen Prozess können Täter lernen ihre eigene Wut- oder Trauergefühle besser zu regulieren sowie Empathie gegenüber anderen Menschen zu entwickeln. Sie müssen verstehen lernen, wie man respektvoll miteinander umgeht, ohne dabei manipulativ oder kontrollierend zu sein.

Allerdings gibt es auch Fälle in denen Täter das Problem leugnen oder sogar noch weiterhin emotional missbräuchlich werden. In solchen Situationen besteht ein hohes Risiko dafür, dass sich dieses schädliche Muster fortsetzt.

Insgesamt lässt sich sagen: Emotionaler Missbrauch sollte niemals toleriert werden - weder von den betroffenen Personen noch von Außenstehenden!

Es ist wichtig darüber aufzuklären, was emotionale Gewalt bedeutet, damit Betroffene wissen, wann Hilfe notwendig wird, aber ebenso sollten potenzielle Täter sensibilisiert werden, um präventiv tätig werden zu können bevor etwas passiert. Es ist auch wichtig, dass die Gesellschaft als Ganzes sich bewusstwird, wie schädlich emotionaler Missbrauch sein kann. Es sollte keine Stigmatisierung von Opfern geben und sie sollten ermutigt werden, Hilfe zu suchen. Die Unterstützung von Freunden und Familie sowie professionelle Beratung können dabei helfen, den Schaden zu minimieren.

Letztendlich müssen wir uns alle dafür einsetzen eine Kultur des Respekts und der Wertschätzung in unseren Beziehungen aufzubauen. Wir sollten lernen unsere eigenen Grenzen zu setzen und respektvoll mit denen umgehen die uns nahestehen. Emotionaler Missbrauch ist kein Zeichen von Liebe oder Zuneigung - im Gegenteil: Er zerstört das Vertrauen zwischen Menschen und führt oft dazu, dass Betroffene ihr Selbstwertgefühl verlieren. Lassen Sie es nicht so weit kommen! Wenn Sie selbst betroffen sind oder jemanden kennen der Hilfe benötigt, zögern Sie nicht, diese anzubieten, denn jeder Mensch hat das Recht auf eine gesunde Beziehung ohne Angst vor emotionaler Gewalt haben zu müssen!

Opfergruppe

Es gibt zahlreiche Opfergruppen beim emotionalen Missbrauch.

Besonders betroffen sind Kinder, die in einem Umfeld aufwachsen, das von emotionaler Vernachlässigung und Gewalt geprägt ist. In solchen Familien herrscht oft eine Atmosphäre der Dominanz, Angst und Unsicherheit.

Aber auch Erwachsene können Opfer von emotionalem Missbrauch werden. Zum Beispiel durch einen Partner oder eine Partnerin, die systematisch ihre Selbstachtung untergraben und sie manipulieren.

Ebenfalls gefährdet sind Menschen mit psychischen Erkrankungen wie Depressionen oder Ängsten. Sie haben krankheitsbedingt oft ein geringes Selbstwertgefühl und sind daher auch anfälliger für Manipulationen.

Opfer von Mobbing am Arbeitsplatz leiden ebenfalls häufig unter emotionalem Missbrauch. Hier kann es zu einer systematischen Ausgrenzung kommen sowie zu Beleidigungen oder Drohungen seitens der Kollegen oder des Vorgesetzten.

Insgesamt zeigt sich: Emotionaler Missbrauch kann jeden treffen – unabhängig vom Alter, Geschlecht oder sozialen Status.

Es ist wichtig, dass sich Betroffene frühzeitig Hilfe suchen und sich Unterstützung holen bei Freunden, Familie oder professionellen Beratungsstellen.

Denn emotionaler Missbrauch kann langfristige Auswirkungen auf die psychische Gesundheit haben und zu schweren Traumata führen. Es ist auch wichtig, dass Arbeitgeber Maßnahmen ergreifen, um Mobbing am Arbeitsplatz zu verhindern und Opfern von emotionalem Missbrauch Unterstützung anbieten. In unserer heutigen Gesellschaft wird über physische Gewalt gesprochen, aber emotionaler Missbrauch bleibt oft im Verborgenen. Wir müssen uns bewusst machen, dass Worte genauso schmerzhaft sein können, wie körperliche Gewalt und wir alle eine Verantwortung tragen, um unsere Mitmenschen vor solch schädlichem Verhalten zu schützen. Lassen Sie uns gemeinsam dafür sorgen, dass niemand mehr unter emotionalen Misshandlungen leiden muss!

Charakteristika der Opfergruppe

Emotionaler Missbrauch ist eine Form von Gewalt, die oft übersehen wird. Es kann schwierig sein zu erkennen, dass man Opfer davon geworden ist. Oft geschieht es schleichend und unbemerkt im Laufe der Zeit. Treffen kann es jeden von uns!

Ein häufiges Merkmal emotionalen Missbrauchs sind manipulative Verhaltensweisen des Täters. Dieser setzt seine Macht ein, um das Opfer zu kontrollieren oder einzuschüchtern. Dabei werden oft subtile Methoden eingesetzt wie beispielsweise Schuldzuweisungen oder ständige Kritik am Verhalten des Opfers.

Eine weitere Methode emotionaler Manipulation besteht darin, dem Opfer das Gefühl zu geben nicht gut genug zu sein oder immer wieder Fehler gemacht zu haben - auch wenn dies nicht zutrifft.

Opfer von emotionalem Missbrauch fühlen sich oft hilflos und isoliert in ihrer Situation. Sie können Angst davor haben ihre Erfahrungen mit anderen Menschen zu teilen und Hilfe zu suchen – aus Sorge vor Stigmatisierung oder weil sie glauben niemand würde ihnen Glauben schenken.

Es gibt jedoch Wege aus dieser misslichen Lage herauszukommen: Indem man erkennt, was passiert ist und welche Auswirkungen es auf einen selbst hat; indem man Unterstützung durch Freunde/Familie sucht sowie professionelle Hilfe bei einem Therapeuten/psychologischen Berater/in in Anspruch nimmt.

Niemand sollte jemals zum Ziel emotionaler Manipulation werden müssen! Jeder Mensch verdient Respekt für seine Persönlichkeit sowie Wertschätzung seiner Individualität - unabhängig vom Alter/Geschlecht/Herkunft.

Zu einem Opfer von emotionalem Missbrauch kann jedermann werden!

Besonders gefährdet sind hier jedoch sensible Menschen („Gefühlsmenschen"), Menschen mit psychischen Vorerkrankungen wie etwa Depressionen, Menschen mit geringem Selbstbewusstsein sowie Menschen, welche bereits durch ihre Herkunftsfamilie unterdrückt wurden bzw. von dieser nicht als Individuum anerkannt und behandelt wurden.

Konsequenzen von emotionalem Missbrauch für die Opfergruppe

Emotionaler Missbrauch kann langfristige Auswirkungen auf die Opfer haben. Er kann zu einer Vielzahl von psychischen Problemen führen, wie zum Beispiel Depressionen, Angstzustände und posttraumatische Belastungsstörungen.

Opfer emotionalen Missbrauchs können Schwierigkeiten haben, Vertrauen in andere Menschen aufzubauen und Beziehungen einzugehen. Sie können auch ein geringes Selbstwertgefühl entwickeln und sich selbst die Schuld für das Verhalten des Täters geben.

Darüber hinaus kann emotionaler Missbrauch dazu führen, dass das Opfer seine eigenen Bedürfnisse ignoriert oder unterdrückt. Das Opfer könnte lernen, seine Gefühle zu verbergen oder sie nicht auszudrücken - was wiederum negative Auswirkungen auf ihre zwischenmenschlichen Beziehungen hat.

Es ist wichtig anzumerken, dass jeder Mensch anders reagiert und unterschiedliche Symptome zeigt. Einige Betroffene könnten diese Erfahrungen überwinden; während andere möglicherweise jahrelange Therapie benötigen, um sich davon erholen zu können.

In jedem Fall sollten wir uns bewusst sein: Emotionaler Missbrauch ist niemals akzeptabel! Wir müssen alle zusammenarbeiten, um sicherzustellen, dass solche Handlungen gestoppt werden, damit kein weiteres Leben zerstört wird, denn die Folgen sind fatal!

Traumatische Erfahrungen und psychologische Schäden für die Opfer von Gewalttaten sind oft schwerwiegend und können langfristige Auswirkungen auf das Leben haben. Die Folgen reichen von psychischen Erkrankungen wie Depressionen, Angstzuständen oder posttraumatischen Belastungsstörungen bis hin zu körperlichen Beschwerden wie Schlaflosigkeit, Kopfschmerzen oder Magenschmerzen. Die Opfer fühlen sich häufig hilflos und allein gelassen in ihrer Situation. Sie leiden unter Schuldgefühlen, Scham und Selbstvorwürfen. Oftmals trauen sie sich nicht darüber zu sprechen oder suchen erst spät Hilfe bei Fachleuten. Doch es ist wichtig zu wissen: Es gibt Unterstützung für Betroffene! Professionelle Therapie kann helfen, die traumatische Erfahrung aufzuarbeiten und den Weg zurück ins Leben zu finden. Auch Selbsthilfegruppen bieten eine Möglichkeit zum Austausch mit anderen Betroffenen. Es braucht jedoch auch ein Umdenken in der Gesellschaft: Gewalt darf niemals toleriert werden! Wir müssen uns als Gemeinschaft dafür einsetzen, dass Täter zur Rechenschaft gezogen werden und Präventionsmaßnahmen ergriffen werden. In einer Welt ohne Gewalt könnten wir alle frei leben – doch dazu bedarf es des Engagements jedes Einzelnen von uns!

Der Verlust von Vertrauen und Glaubwürdigkeit in der Öffentlichkeit sind nur einige der Folgen von Gewalt, die uns alle betreffen. Wir müssen zusammenstehen und eine Kultur des Respekts und der Empathie schaffen. Es ist wichtig, dass wir als Gesellschaft ein Bewusstsein für das Thema entwickeln und unsere Stimme erheben. Nur so können wir Veränderungen bewirken und dazu beitragen, dass Gewalt in unserer Welt keinen Platz mehr hat.

Rechtliche Konsequenzen wie Klagen und Strafen sind wichtig, aber allein nicht ausreichend. Wir müssen auch präventiv handeln und uns für eine Kultur des Friedens und der Gewaltlosigkeit einsetzen. Dazu gehört auch, dass wir aufmerksam sind und eingreifen, wenn wir Zeugen von Gewalt werden oder den Verdacht haben. Wir dürfen nicht wegsehen oder schweigen – denn das bedeutet im Grunde genommen Zustimmung. Jeder Einzelne von uns kann einen Beitrag leisten: sei es durch aktives Engagement in Organisationen gegen Gewalt oder einfach durch respektvolles Verhalten im Alltag. Denn nur gemeinsam können wir dazu beitragen, dass unsere Welt friedlicher wird – für uns selbst sowie kommende Generationen. Lassen Sie uns also zusammenstehen gegen jegliche Form von Gewalt und dafür sorgen, dass Empathie und Respekt die Grundlage unserer Gesellschaft bilden!

Zusammenfassend kann emotionaler Missbrauch daher langfristige und schwerwiegende Auswirkungen auf die Opfer haben. Viele Menschen, die emotional missbraucht wurden, leiden unter Depressionen oder Angstzuständen. Sie können Schwierigkeiten haben, Beziehungen zu anderen Menschen aufzubauen oder Vertrauen in andere zu entwickeln.

Ein weiteres häufiges Symptom von emotionalem Missbrauch ist eine erhöhte Suizidgefahr. Die ständigen verbalen Angriffe und das Gefühl der Wertlosigkeit können dazu führen, dass sich Betroffene hilflos und ausweglos fühlen. In einigen Fällen greifen sie dann zur Selbstverletzung als Bewältigungsmechanismus.

Drogen- oder Alkoholmissbrauch sind oft auch Folgen des emotionalen Missbrauchs bei vielen Opfern. Diese Substanzen werden als Ersatz für Liebe und Zuneigung verwendet - etwas, was den Opfern während ihrer Kindheit verwehrt wurde.

Es ist wichtig zu verstehen, dass diese Konsequenzen nicht nur kurzfristige Probleme sind; sie können ein Leben lang anhalten und das Wohlbefinden eines Individuums enorm beeinträchtigen.

Woran sich emotionaler Missbrauch zeigt

Emotionaler Missbrauch kann sich auf verschiedene Arten zeigen. Eine häufige Form ist das Herabsetzen und Kritisieren des Partners oder der Partnerin, um ihn/sie zu kontrollieren und kleinzuhalten. Auch Drohungen, Erpressung oder Manipulation gehören zum emotionalen Missbrauch.

Eine Grenze von emotionalem Missbrauch lässt sich oft schwer ziehen, da die Wahrnehmung hierfür stark von den individuellen Umständen abhängt.

Ein Beispiel wäre jedoch ein Partner oder eine Partnerin, der/die ständig negative Kommentare über das Aussehen des anderen macht und ihm/ ihr das Gefühl gibt, unattraktiv zu sein. Dies kann dazu führen, dass der Betroffene an seinem Selbstwertgefühl zweifelt und sich unsicher in der Beziehung fühlt.

Ein weiteres Beispiel wäre die Verwendung von Schuldgefühlen als Manipulationsmittel. Ein Partner oder eine Partnerin könnte beispielsweise sagen: "Wenn du mich wirklich lieben würdest, dann würdest du das für mich tun." Dadurch wird dem anderen suggeriert, dass er/sie nicht genug Liebe zeigt und somit unter Druck gesetzt.

Emotionaler Missbrauch kann sich daher auf verschiedene Arten und Weisen zeigen. Oftmals ist er jedoch subtil und schwer zu erkennen, da die Opfer oft nicht einmal selbst merken, dass sie emotional missbraucht werden.

Ein häufiges Anzeichen für emotionalen Missbrauch sind ständige Kritik oder Abwertungen seitens des Täters. Dies kann dazu führen, dass das Opfer ein geringes Selbstwertgefühl entwickelt und sich minderwertig fühlt.

Auch das Ignorieren von Bedürfnissen oder Gefühlen des Opfers gehört zum emotionalen Missbrauch. Der Täter zeigt kein Interesse an den Sorgen oder Problemen seines Gegenübers und lässt es alleine damit zurück.

Manipulation ist ebenfalls eine Form von emotionalem Missbrauch. Der Täter versucht durch gezielte Aussagen oder Handlungen sein Gegenüber in eine bestimmte Richtung zu lenken – meist, um eigene Ziele durchzusetzen.

Eine weitere Art von emotionalem Missbrauch ist Isolation vom sozialen Umfeld des Opfers. Durch Verbote, Einschränkungen oder Drohungen wird dem Betroffenen vermittelt, dass er nur noch auf den Täter angewiesen sei - was ihn zusätzlich unter Druck setzt.

All diese Verhaltensweisen können langfristig schwere psychische Schäden beim betroffenen Menschen hinterlassen - daher sollte man bei Verdacht immer professionelle Hilfe in Anspruch nehmen!

Emotionaler Missbrauch kann somit langfristige Auswirkungen auf die psychische Gesundheit haben. Die Opfer können Angstzustände entwickeln oder Depressionen bekommen.

Es ist wichtig zu erkennen, wenn man selbst betroffen ist und professionelle Hilfe in Anspruch zu nehmen. In einer gesunden Beziehung sollten beide Partner respektvoll miteinander umgehen und einander unterstützen statt kontrollieren oder manipulieren wollen. Wenn dies nicht gegeben ist, sollte man überlegen ob diese Beziehung noch sinnvoll für einen selbst ist - denn niemand verdient es emotional missbraucht zu werden!

Die Grenze von emotionalem Missbrauch

Wo liegt die Grenze von emotionalem Missbrauch? Diese Frage beschäftigt viele Menschen, die in einer Beziehung oder Familie leben, in der sie sich emotional unter Druck gesetzt fühlen. Denn anders als bei körperlicher Gewalt sind die Grenzen hier oft fließend und schwer zu definieren.

Ein Beispiel für emotionalen Missbrauch ist das ständige Herabsetzen des Partners oder Familienmitglieds. Dabei werden bewusst verletzende Worte gewählt, um den anderen kleinzuhalten und ihm das Gefühl zu geben, minderwertig zu sein.

Auch wenn keine physische Gewalt im Spiel ist, kann dies langfristig starke Auswirkungen auf das Selbstbewusstsein haben.

Eine weitere Form von emotionalem Missbrauch ist die Kontrolle über den Partner bzw. das Familienmitglied auszuüben. Hierbei wird versucht durch Überwachung oder Einschränkung der Freiheiten Macht über den anderen auszuüben und ihn abhängig zu machen.

Aber auch subtilere Methoden wie Ignoranz können eine Form von emotionaler Misshandlung darstellen: Wenn ein Mensch systematisch ignoriert wird – ob es nun seine Meinungen sind oder einfach nur seine Anwesenheit – kann dies dazu führen, dass er sich unbedeutend vorkommt und anfängt an seinem Wert als Person selbst Zweifel anzumelden.

Es gibt daher zahlreiche andere Arten von emotionalem Missbrauch - alle mit dem Ziel einen Menschen psychisch fertigmachen zu wollen, weshalb man nicht immer sofort merkt, ob man betroffen ist. Die Frage nach der Grenze von emotionalem Missbrauch ist daher schwer zu ziehen und somit situations- und empfindungsabhängig.

Beispiele für emotionalen Missbrauch

Geschichte 1: Emotionale Misshandlung in der Arbeitswelt

Tom war seit Jahren in derselben Firma tätig. Er hatte sich an die langen Stunden und den schroffen Ton seiner Chefin gewöhnt. Doch in letzter Zeit hatte seine Chefin begonnen, sexuelle Anspielungen zu machen und intime Fragen zu stellen.

Tom fühlte sich dadurch unwohl und unsicher in seiner Arbeitsumgebung. Er wusste nicht, wie er mit den unangemessenen Kommentaren seiner Chefin umgehen sollte. Er hatte sogar begonnen, seine Arbeit zu vernachlässigen, um nicht in die Nähe seiner Chefin zu kommen.

Doch dann erfuhr er, dass seine Jobaussichten in Gefahr waren, da er aufgrund der neuen Situation mit seiner Chefin des Öfteren seiner Arbeitsstelle fernblieb. Er hatte keine Ahnung, wie er es schaffen sollte, seine Arbeit zu verbessern und gleichzeitig die sexuellen Anspielungen seiner Chefin zu ignorieren. Tom befürchtete, dass er in einen Teufelskreis geraten war, aus dem es kein Entkommen gab.

Doch als er mit einigen Kollegen sprach, erkannte er, dass er nicht allein war. Viele von ihnen hatten mit der Chefin bereits ähnliche Erfahrungen gemacht. Sie beschlossen dann, gemeinsam zu handeln und sich an die Personalabteilung zu wenden.

Die Personalabteilung reagierte schnell. Die Chefin wurde kurze Zeit später entlassen und Tom fühlte sich endlich wieder sicher und geschützt am Arbeitsplatz.

Er hatte gelernt, dass sexuelle Belästigung und intime Fragen nicht akzeptabel waren und, dass es wichtig war, Grenzen zu setzen. Er war stolz darauf, dass er den Mut hatte, sich zu wehren und, dass er die Unterstützung seiner Kollegen hatte.

Tom hatte schließlich erkannt, dass es wichtig war, für sich selbst einzustehen und dass es Zeit war, die Arbeitswelt zu verändern. Eine Welt, in der männliche und weibliche Mitarbeiter gleichermaßen respektiert und geschützt werden sollten.

Geschichte 2: Emotionale Misshandlung auf der Datingseite

Es begann alles mit einem Klick auf einer Datingseite im Internet. Der vermeintlich erfolgreiche Mann, der sich als charmant und liebevoll darstellte, fand schnell die naive Frau, die ihm glaubte und sich auf eine Beziehung einließ.

Anfangs schien alles perfekt zu sein. Er war der perfekte Gentleman und sie fühlte sich geborgen und geliebt. Doch bald darauf begann der emotionale Missbrauch. Er machte sie bei jeder Gelegenheit runter, schimpfte und nötigte sie sexuell. Er nutzte sie aus, um an ihr Geld zu kommen, und hatte Affären mit anderen Frauen.

Sie versuchte, sich ihm zu entziehen, aber er war immer da, um sie zurückzuziehen. Er schlug sie auch körperlich und verlangte von ihr, dass sie darüber schwieg. Sie hatte Angst und wusste nicht, wie sie aus dieser Beziehung aussteigen sollte.

Sie fühlte sich allein und verängstigt, da sie niemandem von dem Missbrauch erzählen konnte. Sie hatte das Gefühl, dass niemand ihr glauben würde oder dass sie das Problem verursacht hatte. Sie fühlte sich hilflos und gefangen in einer Beziehung, die sie nicht mehr wollte. Eines Tages hatte sie genug. Sie wusste, dass sie nicht länger in dieser Beziehung bleiben konnte. Sie hatte genug von den Misshandlungen und dem Schmerz, den er ihr zugefügt hatte. Sie wusste, dass sie stark genug war, um ihn zu verlassen.

Sie packte ihre Sachen und zog aus. Sie brach den Kontakt zu ihm ab und begann ihr Leben neu. Es war ein langer und schwieriger Weg, aber sie wusste, dass sie es schaffen würde. Sie hatte endlich den Mut gefunden, sich von ihrem Peiniger zu befreien.

Heute lebt sie ein Leben ohne Angst und Misshandlung. Sie hat gelernt, dass es nie okay ist, jemanden zu missbrauchen oder zu verletzen. Sie hat gelernt, dass sie es verdient, in einer glücklichen und liebevollen Beziehung zu sein. Sie hat gelernt, dass sie stark genug ist, um für sich selbst einzustehen und sich zu schützen.

Diese Geschichte zeigt, wie wichtig es ist, auf seine eigene Sicherheit und Würde zu achten. Es ist nie okay, in einer Beziehung zu sein, die einen verletzt oder missbraucht. Jeder verdient es, in einer glücklichen und liebevollen Beziehung zu sein, die auf gegenseitigem Respekt und Vertrauen basiert.

Lösungswege aus dem emotionalen Missbrauch für Täter

Es gibt keinen einfachen Lösungsweg aus dem emotionalen Missbrauch für Täter. Es erfordert eine Menge Arbeit und Selbstreflexion, um die Verhaltensmuster zu erkennen und zu ändern.

Der erste Schritt ist jedoch, die Verantwortung für das eigene Handeln zu übernehmen. Täter müssen sich bewusstwerden, dass ihr Verhalten schädlich ist und andere verletzt. Sie sollten versuchen herauszufinden, warum sie so handeln und welche Auslöser es dafür gibt.

Eine Therapie kann dabei helfen, diese Ursachen aufzudecken.

Ein weiterer wichtiger Schritt ist es auch zuzugeben Fehler gemacht zu haben sowie Entschuldigung anzubieten an den Betroffenen oder Opfern des eigenen Fehlverhaltens.

Es gibt keinen einfachen Lösungsweg aus dem emotionalen Missbrauch für Täter. Es erfordert ein tiefes Verständnis der eigenen Handlungen und eine Bereitschaft, sich zu ändern.

Zunächst müssen Täter erkennen, dass ihr Verhalten schädlich ist und dass sie die Kontrolle über ihre Emotionen verlieren. Sie müssen verstehen, dass es nicht akzeptabel ist, andere Menschen auf diese Weise zu behandeln.

Dann sollten sie professionelle Hilfe in Anspruch nehmen - sei es durch Therapie oder Beratung -, um sich dabei zu helfen, die negativen Verhaltensmuster anzugehen und alternative Strategien zur Konfliktbewältigung zu entwickeln.

Täter sollten auch bereit sein, sich bei den Opfern ihrer emotionalen Misshandlung aufrichtig zu entschuldigen und um Vergebung bitten. Dies kann jedoch nur dann erfolgen, wenn das Opfer dazu bereit ist und keine weiteren Schäden entstehen.

Letztendlich erfordert der Ausstieg aus dem Zyklus des emotionalen Missbrauchs Mut sowie einen stark ausgeprägten Wunsch nach positiver Änderung. Aber mit Unterstützung von Freunden oder Fachleuten können Täter lernen, wie man gesunde Beziehungen führt - ohne Angst vor Machtmissbrauch oder etwa Manipulation.

Es ist wichtig zu verstehen, dass der Ausstieg aus dem Zyklus des emotionalen Missbrauchs ein Prozess ist und Zeit braucht. Es erfordert auch eine ehrliche Selbstreflexion und die Bereitschaft, Verantwortung für das eigene Handeln zu übernehmen. Täter sollten sich bewusst sein, dass sie nicht allein sind in ihrem Kampf gegen den emotionalen Missbrauch. Es stehen viele Ressourcen zur Verfügung wie Beratungsstellen oder Therapeuten, die ihnen helfen können, ihre Verhaltensmuster zu erkennen und alternative Wege zur Konfliktbewältigung aufzuzeigen.

Insgesamt geht es darum anzuerkennen, dass emotionale Misshandlung kein akzeptables Verhalten in einer Beziehung ist. Täter müssen bereit sein ihr eigenes Denken und Handeln kritisch zu hinterfragen, um positive Änderungen herbeizuführen - für sich selbst sowie für ihre Partnerinnen oder Partner.

Um langfristige Änderungen herbeizuführen, müssen die Täter daher lernen alternative Wege der Kommunikation ohne missbräuchliche Methoden einzusetzen wie zum Beispiel respektvolles Zuhören, Einfühlungsvermögen zeigen usw.

Letztendlich geht es nämlich darum ein neues Bewusstsein im Umgang mit anderen Menschen zu entwickeln – eines, in welchem Empathie, Respekt vor Grenzen anderer Personen sowie Gewaltfreiheit im Vordergrund stehen. Dies wird nicht von heute auf morgen passieren, aber wenn man bereit dazu ist seine eigenen negativen Denkmuster abzulegen, dann können positive Ergebnisse erreicht werden!

Lösungswege aus dem emotionalen Missbrauch für Opfer

Zunächst einmal ist es wichtig, dass das Opfer erkennt und anerkennt, dass es tatsächlich emotional missbraucht wird. Oftmals sind die Täter sehr geschickt darin, ihre Handlungen zu verschleiern oder als "liebevolle Sorge" auszugeben. Doch wer sich ständig kontrolliert und bevormundet fühlt oder immer wieder manipulativen Verhaltensweisen ausgesetzt ist, sollte alarmiert sein.

Als nächstes gilt es dann, sich von dem Täter zu lösen – so schwer das auch sein mag. Das kann bedeuten: den Kontakt abbrechen (wenn möglich und gewünscht), eine Therapie beginnen oder Unterstützung durch Freunde und Familie suchen.

Wichtig ist dabei vor allem eines: Selbstfürsorge! Denn oft haben Betroffene im Laufe der Zeit verlernt auf ihre eigenen Bedürfnisse zu achten und sie stattdessen zugunsten des Partners zurückgestellt. Nun müssen sie lernen wieder für sich selbst einzustehen und ihr eigenes Wohl in den Vordergrund stellen.

Eine weitere Möglichkeit zur Bewältigung des emotionalen Missbrauchs kann auch ein Austausch mit anderen Betroffenen sein – sei es in einer Selbsthilfegruppe oder online über Foren o.ä. Hier können Erfahrungen geteilt werden sowie Tipps gegeben werden, wie man mit bestimmten Situationen umgehen kann.

In jedem Fall sollten Opfer von emotionalem Missbrauch nicht allein bleiben, sondern Hilfe suchen - sei dies bei professionellen Beratern/innen oder bei Menschen im Umfeld denen man vertraut.
Es gibt einen Weg heraus aus dieser belastenden Situation - aber dafür braucht jeder/jede Einzelne Mut zum ersten Schritt hin zur Lösung!

Möglichkeiten einer Mediation bei emotionalem Missbrauch

Welche Möglichkeiten hat ein Mediator, um einem Opfer von emotionalem Missbrauch zu helfen? Ein Mediator hat hierfür verschiedene Möglichkeiten.

Zunächst einmal ist es wichtig, dass der Mediator eine vertrauensvolle Atmosphäre schafft und dem Opfer das Gefühl gibt, gehört und ernst genommen zu werden. Eine Möglichkeit besteht darin, gemeinsam mit dem Opfer die Situation zu analysieren und herauszufinden, welche konkreten Verhaltensmuster des Täters den emotionalen Missbrauch auslösen. Auf dieser Basis können dann gezielte Maßnahmen erarbeitet werden.

Eine weitere wichtige Rolle spielt die Vermittlung von Kommunikationsstrategien. Oft sind es nämlich bestimmte Formulierungen oder Gesten des Täters, die beim Opfer negative Emotionen hervorrufen. Der Mediator kann hierbei helfen, alternative Ausdrucksweisen für schwierige Gesprächssituationen aufzuzeigen.

Neben diesen eher praktischen Ansätzen kann ein Mediator auch dazu beitragen, dass das betroffene Individuum seine Selbstachtung wiedererlangt. In vielen Fällen kann sich durch jahrelange emotionale Misshandlungen bei Betroffenen ein negatives Selbstbild entwickeln. Eine Stärkung des eigenen Wertesystems könnte in diesem Fall hilfreich sein. Durch diese Art der Unterstützung wird das Opfer einen besseren Zugang zur eigenen Wahrnehmung erhalten und somit aus einer Position der Schwäche herauskommen.

In jedem Fall gilt jedoch: Einem Menschen in einer solchen Situation weiterhelfen zu wollen, kann sehr schwer bis unmöglich sein. Deshalb ist es ratsam, einen professionellen Mediator einzubeziehen, der in der Lage ist, die richtigen Schritte einzuleiten und das Opfer auf dem Weg zur Besserung zu begleiten.

Hilfsangebote bei emotionalem Missbrauch

Bei emotionalem Missbrauch gibt es eine Vielzahl an möglichen Stellen, an welche man sich wenden kann, um Hilfe und Unterstützung zu erhalten.

Eine Möglichkeit ist es, sich an eine Beratungsstelle oder ein Frauenhaus zu wenden. Dort finden Betroffene professionelle Hilfe von geschulten Fachkräften.

Auch das Gespräch mit Freunden und Familie kann hilfreich sein. Oftmals fällt es schwer, über den emotionalen Missbrauch zu sprechen - doch gerade in dieser schwierigen Situation braucht man Menschen an seiner Seite, die einem zur Seite stehen und unterstützen.

Zudem gibt es auch zahlreiche Selbsthilfegruppen für Betroffene von emotionalem Missbrauch. Hier können sich Gleichgesinnte austauschen und gegenseitig stärken.

In besonders schwerwiegenden Fällen bzw. wenn der Täter auch physische Gewalt anwendet, empfiehlt es sich die Polizei um Hilfe zu bitten.

Emotionaler Missbrauch ist eine Form von Gewalt, die oft übersehen wird. Es kann schwierig sein, diesen Missbrauch zu erkennen und noch schwieriger, sich dagegen zur Wehr zu setzen.

Wenn Sie das Gefühl haben, dass jemand Sie emotional missbraucht oder manipuliert hat, sollten Sie nicht zögern und Hilfe suchen.

Eine der ersten Maßnahmen sollte darin bestehen mit Freunden oder Familienmitgliedern darüber zu sprechen. Diese können Ihnen helfen Ihre Situation besser einzuschätzen und gegebenenfalls auch unterstützend aufzutreten. Sollte dies jedoch nicht ausreichen oder falls es keine vertrauenswürdigen Personen in Ihrem Umfeld gibt an welche man sich wenden könnte – dann besteht immer noch die Möglichkeit Kontakt mit der Polizei aufzunehmen. Die Polizei steht Ihnen als Opfer jederzeit zur Seite - unabhängig davon, ob es um reine körperliche Misshandlung geht oder eben um emotionalen Missbrauch. Die Beamten sind geschult im Umgang mit solch sensiblen Themenbereichen und werden alles tun, um Ihnen weiterhelfen zu können.

Neben diesen Stellen gibt es auch die Möglichkeit einen Psychiater oder Psychologen aufzusuchen und das Ganze aus medizinischer Sicht anzugehen.

Bei weitreichenden Konflikten mit dem Täter, etwa wenn Kinder im Spiel sind und dahingehend ein notwendiger Klärbedarf besteht (beispielsweise nach einer Trennung aufgrund von emotionalem Missbrauch), ist auch die Kontaktaufnahme mit einem Mediator hilfreich, damit klare Grenzen gemacht werden.

Es ist wichtig darauf hinzuweisen: Emotionaler Missbrauch darf niemals toleriert werden! Auch wenn er meist unsichtbar bleibt - seine Auswirkungen können genauso schlimm wie bei physischer Gewalt sein!

Daher sollten Betroffene keineswegs zögern professionelle Unterstützung in Anspruch nehmen – sei es durch Gespräche beim Psychologen/Psychotherapeuten bzw. einer Beratungsstelle für Opfer von psychischer/sexueller Gewalt (wie etwa dem Weißen Ring oder anderen Gewaltschutzzentren). In jedem Fall gilt aber eines: Sprechen Sie darüber! Nur so kann man gemeinsam gegen emotionalen Missbrauch vorgehen und ihn bekämpfen.

Psychotherapie bei emotionalem Missbrauch
Es gibt viele Formen von Missbrauch, aber emotionaler Missbrauch ist oft schwer zu erkennen und kann langfristige Auswirkungen auf das Opfer haben. Diese Missbrauchsform beinhaltet eine systematische Manipulation der Gefühle eines Menschen durch Kontrolle, Schuldzuweisung oder Verharmlosung dessen Bedürfnisse und Emotionen. Wenn Sie glauben, dass Sie Opfer von emotionalem Missbrauch sind, sollten Sie sich, dies zeigt meine Erfahrung als Mediator, an einen qualifizierten Therapeuten wenden.

Psychotherapie kann Ihnen helfen, Ihre Erfahrungen zu verarbeiten und Strategien zur Bewältigung Ihrer Traumata zu entwickeln. Ein erfahrener Therapeut wird mit Ihnen zusammenarbeiten, um Ihren individuellen Bedarf an Unterstützung festzustellen.

Dies könnte bedeuten: - Hilfe bei der Identifizierung des emotionalen Missbrauchs - Ermutigung zum Selbstausdruck - Vermittlung von Techniken zur Stressbewältigung - Förderung gesunder Beziehungsmodelle.

Eine erfolgreiche Behandlung hängt jedoch auch davon ab, dass man bereit ist, offen über seine Erfahrungen sprechen können. Wenn es schwierig für Sie sein sollte Ihre Gedanken auszudrücken, dann sollten Sie dies dem Therapeuten mitteilen damit er Ihnen dabei helfen kann.

Eine Therapie kann Ihnen helfen, sich von den Auswirkungen des emotionalen Missbrauchs zu erholen und ein gesünderes Leben aufzubauen. Wenn Sie bereit sind, diese Reise anzutreten sollten sie nicht zögern einen qualifizierten Psychotherapeuten aufzusuchen.

Medikamentöse Unterstützung bei emotionalem Missbrauch

Es ist wichtig zu betonen, dass emotionaler Missbrauch eine ernsthafte Angelegenheit ist und professionelle Hilfe benötigt. Ein Psychiater kann dabei helfen, die traumatischen Erfahrungen aufzuarbeiten und Wege zu finden, um mit den negativen Auswirkungen des Missbrauchs umzugehen.

In einigen Fällen kann auch eine medikamentöse Unterstützung sinnvoll sein. Antidepressiva können beispielsweise dazu beitragen, depressive Symptome zu lindern und das allgemeine Wohlbefinden wiederherzustellen.

Allerdings sollte man sich bewusst sein, dass Medikamente allein keine Lösung sind und das Problem nicht bei der Wurzel packen. Eine medikamentöse Therapie sollte daher immer in Kombination mit einer Therapie eingesetzt werden und unter ärztlicher Aufsicht stehen.

Wenn Sie Opfer von emotionalem Missbrauch geworden sind oder jemanden kennen, der darunter leidet - zögern Sie nicht professionelle Hilfe in Anspruch nehmen! Es gibt viele Ressourcen zur Verfügung wie Hotlines für psychische Gesundheit oder lokale Beratungsstellen.

Conclusio

Zusammenfassend können wir daher festhalten:

1. Emotionaler Missbrauch ist eine Form von Gewalt, die oft übersehen oder nicht ernst genommen wird. Es geht dabei um Verhaltensweisen, mit denen jemand absichtlich verletzt und manipuliert wird. Oft geschieht dies durch Worte oder Taten, die das Selbstwertgefühl des Opfers untergraben und es in seiner Persönlichkeit einschränken. Ein Beispiel für emotionalen Missbrauch ist ständiges Kritisieren und Herabsetzen des Partners oder der Partnerin. Auch das Ignorieren von Bedürfnissen sowie Isolation können dazu gehören. Der emotionale Druck kann so groß werden, dass sich Betroffene hilflos fühlen und den Kontakt zu anderen Menschen abbrechen. Es gibt viele Gründe dafür, warum Menschen emotional missbraucht werden - sei es aufgrund einer schwierigen Kindheitserfahrung oder weil sie selbst unsicher sind. Doch unabhängig davon sollten wir alle sensibel darauf achten, wie wir miteinander umgehen. Denn letztendlich geht es darum: Jeder Mensch hat ein Recht darauf respektvoll behandelt zu werden!

2. Die verschiedenen Formen des emotionalen Missbrauchs sind oft schwer zu erkennen und können subtil sein. Deshalb ist es wichtig, dass wir uns bewusst machen, welche Verhaltensweisen als emotionaler Missbrauch gelten.

Wenn Sie das Gefühl haben, dass Sie Opfer von emotionalem Missbrauch sind oder Sie jemanden kennen, der darunter leidet – zögern Sie nicht und suchen Sie Hilfe! Es gibt viele Organisationen und Beratungsstellen, die Ihnen dabei helfen können. Es ist auch wichtig zu verstehen: Emotionaler Missbrauch hat langfristige Auswirkungen auf das Leben eines Menschen. Es kann dazu führen, dass man Schwierigkeiten hat Beziehungen aufzubauen oder eine gesunde Selbstachtung zu entwickeln. Deshalb sollten wir alle unseren Teil dazu beitragen sicherzustellen, dass niemand in unserem Umfeld emotional missbraucht wird. Wir müssen lernen sensibler mit anderen umzugehen und respektvoll miteinander umgehen - nur so können wir eine Welt schaffen, in der jeder Mensch glücklich leben kann!

3. Wie entsteht emotionaler Missbrauch und wer sind die Täter? Emotionaler Missbrauch kann auf verschiedene Arten entstehen. Oftmals sind es Menschen, die selbst Opfer von emotionalen Misshandlungen waren und diese Verhaltensweisen nun weitergeben. Aber auch Personen mit einem geringen Selbstwertgefühl oder einer dominanten Persönlichkeit können dazu neigen, andere zu manipulieren und herabzusetzen. Die Täter des emotionalen Missbrauchs können in jedem Bereich unseres Lebens auftreten: In der Familie, am Arbeitsplatz oder sogar in Freundschaften. Es ist wichtig zu erkennen, dass emotionale Gewalt genauso schädlich sein kann, wie körperliche Gewalt - oft wird sie jedoch nicht so ernstgenommen.

Deshalb müssen wir alle wachsamer sein und uns bewusster machen über unsere eigenen Handlungen sowie die unserer Mitmenschen. Wir sollten lernen Grenzen zu setzen und uns gegenüber unangemessenem Verhalten abzugrenzen - nur so können wir eine Welt erschaffen, in der jeder Mensch frei von emotionaler Gewalt leben kann!

4. Die Auswirkungen von emotionalem Missbrauch auf die Opfer sind oft langfristig und können schwerwiegende psychische Probleme verursachen. Es ist wichtig, dass wir uns als Gesellschaft bewusst machen, wie schädlich emotionale Gewalt sein kann und, dass sie genauso ernstgenommen werden muss wie körperliche Gewalt. Es gibt viele verschiedene Arten von emotionaler Gewalt - vom Ignorieren oder Abwertung des Partners bis hin zu Kontrollverhalten oder ständigen Schuldzuweisungen. Oft sind die Opfer dieser Art von Missbrauch sich nicht einmal bewusst darüber, was mit ihnen passiert. Deshalb müssen wir alle lernen aufmerksamer zu sein gegenüber den Signalen emotionaler Gewalt in unseren Beziehungen und Freundschaften. Wir sollten unsere Mitmenschen ermutigen offen über ihre Gefühle zu sprechen und Grenzen klar abzustecken. Nur so können wir sicherstellen, dass jeder Mensch respektvoll behandelt wird und frei von jeglicher Form der Misshandlung leben kann - sei es physisch oder emotional!

5. Wie erkennt man emotionalen Missbrauch in Beziehungen? Es gibt einige Anzeichen, die auf emotionalen Missbrauch in einer Beziehung hindeuten können.

Zum Beispiel kann es sein, dass der Partner ständig kritisiert oder herabgewürdigt wird. Auch wenn er sich immer wieder entschuldigen muss und das Gefühl hat, nie etwas richtig zu machen. Ein weiteres Signal ist Kontrolle - sei es über den Aufenthaltsort des Partners oder seine sozialen Kontakte. Wenn der Partner keine Freiheit hat und ständig beobachtet wird, kann dies ein Zeichen für emotionalen Missbrauch sein. Aber auch subtile Formen von Manipulation wie Schuldzuweisungen oder das Spielen mit den Gefühlen des Partners sollten nicht unterschätzt werden. Wenn Sie selbst Opfer von emotionalem Missbrauch sind oder jemandem helfen möchten, sollten Sie sich an eine Beratungsstelle wenden. Dort finden Sie Unterstützung und Hilfe bei der Bewältigung dieser schwierigen Situation!

6. Der Umgang mit emotionalem Missbrauch in der Familie oder in der Partnerschaft kann sehr belastend sein und oft benötigt man professionelle Hilfe, um sich daraus zu befreien. Es ist wichtig, dass Betroffene verstehen, dass sie nicht allein sind und es Wege gibt, aus dieser Situation herauszukommen. Eine Beratungsstelle kann dabei helfen, die eigenen Gefühle zu sortieren und Handlungsmöglichkeiten aufzuzeigen. Auch Angehörige oder Freunde können eine wichtige Rolle spielen. Sie sollten das Opfer unterstützen und ihm zur Seite stehen. Es ist jedoch auch wichtig darauf zu achten, dass man dem Opfer keine Schuld zuschiebt oder es unter Druck setzt. Emotionaler Missbrauch darf nicht toleriert werden!

7. Emotionaler Missbrauch am Arbeitsplatz ist genauso inakzeptabel wie in einer Beziehung. Wenn Sie sich von einem Kollegen oder Vorgesetzten emotional missbraucht fühlen, sollten Sie das Gespräch suchen und gegebenenfalls rechtliche Schritte einleiten. Es ist wichtig, dass wir uns als Gesellschaft bewusst machen, dass emotionaler Missbrauch kein Kavaliersdelikt ist. Wir müssen aufeinander achten und uns gegenseitig unterstützen – sei es durch Aufklärungskampagnen oder einfach nur durch Zuhören und Verständnis zeigen. Lassen Sie uns gemeinsam dafür sorgen, dass jeder Mensch respektvoll behandelt wird – egal ob im privaten oder beruflichen Umfeld!

8. Therapeutische Ansätze zur Bewältigung von emotionalen Misshandlungen können ebenfalls helfen, das Erlebte zu verarbeiten und sich von den Folgen des Missbrauchs zu befreien. Es ist wichtig, dass wir uns als Gesellschaft dafür einsetzen, dass emotionaler Missbrauch nicht länger tabuisiert wird. Wir müssen offen darüber sprechen und Betroffenen die Unterstützung bieten, die sie brauchen. Nur so können wir gemeinsam eine Kultur schaffen, in der jeder Mensch respektvoll behandelt wird – ohne Ausnahme!

9. Prävention von emotionalem Missbrauch ist dabei genauso wichtig wie die Aufarbeitung von bereits erlebtem Missbrauch. Wir müssen lernen, achtsamer miteinander umzugehen und Grenzen zu respektieren.

Doch auch wenn wir uns als Gesellschaft dafür einsetzen, emotionalen Missbrauch zu verhindern und aufzuarbeiten, bleibt es eine individuelle Herausforderung für jeden Betroffenen. Es erfordert Mut und Stärke, sich dem Erlebten zu stellen und Hilfe anzunehmen. Insgesamt ist es an der Zeit, dass wir uns bewusst machen: Emotionale Gewalt kann genauso schädlich sein wie körperliche Gewalt. Deshalb sollten wir sie nicht weniger ernst nehmen! Nur durch offene Kommunikation können wir gemeinsam dazu beitragen, dass emotionale Misshandlungen keine Chance mehr haben – weder heute noch in Zukunft!

10. Fazit: Wege aus dem Teufelskreis des emotionalen Missbrauchs gibt es immer. Der erste Schritt ist, sich bewusst zu machen, dass man betroffen ist und Hilfe anzunehmen. Es gibt zahlreiche Beratungsstellen und Therapieangebote für Opfer emotionaler Gewalt. Es liegt an uns allen, eine Kultur des Respekts und der Wertschätzung zu schaffen – in unseren Familien, am Arbeitsplatz und in unserer Gesellschaft insgesamt. Nur so können wir sicherstellen, dass jeder Mensch frei von jeglicher Form von Misshandlung leben kann. Lasst uns gemeinsam dafür kämpfen! Lasst uns die Stimme erheben gegen emotionale Gewalt und ein Zeichen setzen für eine Welt ohne Missbrauch!

Häufige Fragen

<u>Wann beginnt seelische Misshandlung?</u>
Seelische Misshandlung kann in vielen Formen auftreten und ist oft schwer zu erkennen. Sie beginnt nicht immer mit offensichtlichem Verhalten wie Beleidigungen oder körperlichen Übergriffen, sondern kann subtiler sein. Eine Person, die seelisch misshandelt wird, fühlt sich oft isoliert und allein gelassen. Der Täter manipuliert sie durch Schuldzuweisungen oder indem er ihre Gefühle herabsetzt. Oft werden auch Drohungen ausgesprochen oder es wird Angst eingejagt.

Es gibt einige Anzeichen dafür, dass eine Person seelisch misshandelt wird. Wenn jemand ständig unter Stress steht und ängstlich ist; wenn er das Gefühl hat, kontrolliert zu werden; wenn er ständig kritisiert wird - all dies sind mögliche Hinweise auf seelische Misshandlung. Es ist wichtig zu verstehen, dass diese Art von Missbrauch genauso schädlich sein kann wie physischer Missbrauch. Die Auswirkungen können langfristige psychologische Probleme verursachen und sogar lebensbedrohend sein.

<u>Was gehört alles zu emotionaler Gewalt?</u>
Emotionale Gewalt kann viele Formen annehmen: Ständige Kritik und Herabsetzung, Isolation von Freunden und Familie, Kontrolle über das Leben des Opfers durch Einschränkung der Bewegungsfreiheit oder finanzielle Abhängigkeit sowie Drohungen oder Erpressungen.

Wie erkennt man Opfer psychischer Gewalt?

Opfer psychischer Gewalt sind oft schwer zu erkennen, da die Misshandlung meist subtil und indirekt erfolgt. Ein Indiz für psychische Gewalt können beispielsweise ständige Kritik, Herabwürdigung oder Ignoranz sein. Auch das Isolieren von Freunden und Familie sowie Kontrollverhalten können Anzeichen für seelische Misshandlung sein. Es ist wichtig aufmerksam zu bleiben und bei Verdacht Hilfe anzubieten oder professionelle Unterstützung in Anspruch zu nehmen. Niemand sollte allein mit solchen Erfahrungen kämpfen müssen - es gibt immer Wege aus der Situation herauszukommen!

Was ist emotionale Gewalt in Beziehungen?

Emotionale Gewalt in einer Beziehung bezieht sich auf das Verhalten eines Partners, das darauf abzielt, den anderen zu kontrollieren oder zu manipulieren. Diese Gewaltform kann auch als psychologische Misshandlung betrachtet werden und umfasst eine Vielzahl von Handlungen wie Einschüchterung, Drohungen, Schuldzuweisungen und Gaslighting (Gaslighting ist ein besonders perfides Verhalten des Täters: Er versucht dem Opfer die eigene Wahrnehmung der Realität auszureden. Das Ziel ist es dabei oft, dass sich das Opfer selbst für verrückt hält oder an seiner eigenen Wahrnehmung zweifelt.). Die Auswirkungen emotionaler Gewalt können sehr schwerwiegend sein und reichen von geringem Selbstwertgefühl bis hin zu Depressionen oder posttraumatischen Belastungsstörungen (PTBS). Deshalb sollten Betroffene nicht zögern Hilfe anzunehmen - sei es durch Freunde/Familie oder professionelle Beratungsstellen.

Insgesamt gilt: Eine gesunde Beziehung sollte geprägt sein von Respekt vor dem Partner sowie gegenseitiger Unterstützung und Empathie. Werden diese Grundlagen verletzt besteht dringender Handlungsbedarf!

Warum ist es wichtig, Opfer von Gewalt und Missbrauch zu unterstützen und ihre Stimmen zu hören?

Es gibt viele Gründe, warum es so wichtig ist, Opfer von Gewalt und Missbrauch zu unterstützen und ihre Stimmen zu hören. Zunächst einmal sind diese Menschen oft traumatisiert und verletzt - sowohl körperlich als auch emotional. Sie haben Schmerzen erlitten, die nicht nur physisch spürbar sind, sondern auch tiefe Narben in ihrer Seele hinterlassen haben. Doch das Leid der Opfer geht weit über den Moment des Übergriffs hinaus. Viele von ihnen kämpfen jahrelang mit den Folgen dieser Erfahrung – sei es durch posttraumatische Belastungsstörungen oder andere psychische Erkrankungen. Indem wir diesen Menschen unsere Unterstützung anbieten und ihnen eine Plattform geben, um ihre Geschichten zu erzählen, können wir dazu beitragen, dass sie sich gehört fühlen. Wir können ihnen helfen, ihr Selbstwertgefühl wieder aufzubauen, indem man zeigt, dass ihre Meinung zählt und ihr erlittener Schmerz gesehen wird. Darüber hinaus kann das Hören der Stimmen von Opfern uns dabei helfen, ein besseres Verständnis für die Auswirkungen von Gewalttaten zu entwickeln. Dadurch werden wir auch für bestimmte Thematiken sensibilisiert und unser Bewusstsein geschärft.

Wie können wir als Gesellschaft dazu beitragen, dass Opfer von Verbrechen gerecht behandelt werden und sich sicher fühlen können?

Es gibt viele Gründe, warum es wichtig ist, Opfer von Gewalt und Missbrauch zu unterstützen. Erstens können diese Erfahrungen traumatisch sein und langfristige Auswirkungen auf das Leben des Opfers haben. Wenn wir als Gesellschaft nicht bereit sind, diesen Menschen zuzuhören und sie zu unterstützen, riskieren wir ihre psychische Gesundheit. Zweitens kann die Unterstützung von Opfern dazu beitragen, dass Täter zur Rechenschaft gezogen werden. Oftmals fühlen sich Opfer allein gelassen oder schämen sich für das Verbrechen an ihnen. Durch eine offene Diskussion über Gewalt- und Missbrauchsopfer können wir als Gemeinschaft zeigen, dass solche Handlungen inakzeptabel sind. Drittens kann die Unterstützung von Betroffenen auch dazu beitragen, ähnliche Vorfälle in Zukunft zu verhindern. Indem wir uns aktiv dafür einsetzen sicherzustellen, dass jeder Mensch respektiert wird, unabhängig davon wer er/sie ist, können wir einer Kultur der Akzeptanz fördern. Dies bedeutet auch den Schutz vor jeglicher Form körperlicher oder seelischer Misshandlung. Um dies alles erreichen zu können, müssen sowohl individuelle Anstrengungen wie Empathiegefühle gegenüber anderen sowie strukturelle Maßnahmen getroffen werden, um eine Prävention effektiver durchführen zu können. Insgesamt sollten unsere Bemühungen darin bestehen, eine Umgebung der Sicherheit, Fürsorglichkeit, sowie Gerechtigkeit für jeden einzelnen unserer Mitmenschen herbeizuführen. Dies sollte unser Ziel sein - als Gesellschaft, die sich für das Wohlergehen ihrer Mitglieder einsetzt.

Fragen an den Mediator

Was kann ich persönlich als Mediator für Sie in dieser Sache tun?

Als Mediator ist es meine Aufgabe, eine Konfliktlösung zu finden, die für alle Beteiligten akzeptabel und zufriedenstellend ist. Ich werde Ihnen dabei helfen, Ihre Interessen und Bedürfnisse klar zu formulieren und diese in die Verhandlungen mit der anderen Partei einzubringen. Dabei achte ich darauf, dass jeder Teilnehmer fair behandelt wird und seine Meinung gehört wird. Durch gezieltes Fragen erarbeite ich gemeinsam mit Ihnen mögliche Lösungsansätze. Dabei geht es nicht darum Recht oder Unrecht festzustellen, sondern vielmehr um das Finden einer Win-Win-Situation. Ich unterstütze Sie bei der Kommunikation miteinander sowie beim Erkennen von Missverständnissen oder Vorurteilen gegenüber dem Gegenüber. Ziel meiner Arbeit als Mediator ist es immer ein harmonisches Ergebnis für beide Seiten herbeizuführen! Wenn auch Sie an einer konstruktiven Konfliktlösung interessiert sind dann kontaktieren Sie mich gerne!

Wie kann eine Mediation bei emotionalem Missbrauch helfen?

Eine Mediation kann bei emotionalem Missbrauch auf verschiedene Arten helfen. Zunächst einmal bietet sie den Betroffenen einen sicheren Raum, um ihre Gefühle und Bedürfnisse auszudrücken und ihre Perspektive auf die Situation zu teilen. Weiters bewirkt eine Mediation, dass sie sich gehört und verstanden fühlen, was wiederum zu einem Gefühl der Entlastung führen kann. Darüber hinaus kann eine Mediation dazu beitragen, dass die beteiligten Parteien gemeinsam nach Lösungen suchen, die für alle Beteiligten akzeptabel sind.

So kann erreicht werden, dass der emotionale Missbrauch in Zukunft vermieden wird und, dass die Beziehung zwischen den beteiligten Parteien gestärkt wird. Eine Mediation kann auch dazu beitragen, dass die beteiligten Parteien lernen, besser miteinander zu kommunizieren. Oftmals ist ein Mangel an Kommunikation einer der Hauptgründe für emotionalen Missbrauch. Eine Mediation bietet den beteiligten Parteien die Möglichkeit, ihre Kommunikationsfähigkeiten zu verbessern und effektiver miteinander zu kommunizieren. Insgesamt kann eine Mediation dabei helfen, den emotionalen Missbrauch zu erkennen und anzugehen, bevor er sich weiter verschlimmert. Sie bietet den beteiligten Parteien eine Möglichkeit zur Versöhnung und zur Verbesserung ihrer Beziehung zueinander. Wenn Sie also Opfer von emotionalem Missbrauch sind oder jemanden kennen, der davon betroffen ist, sollten Sie eine Mediation als mögliche Lösung in Betracht ziehen!

<u>Wie kann ein Mediator bei der Selbstreflexion helfen?</u>

Ein Mediator kann bei der Selbstreflexion auf verschiedene Weise helfen. Zum einen kann er als neutraler Dritter dabei unterstützen, die eigenen Gedanken und Gefühle zu sortieren und zu strukturieren. Oftmals fällt es uns schwer, uns selbst objektiv zu betrachten und unsere eigenen Verhaltensmuster zu erkennen. Ein Mediator kann hierbei helfen, indem er gezielte Fragen stellt und auf bestimmte Aspekte hinweist, die uns vielleicht bisher entgangen sind.

Zum anderen kann ein Mediator dabei helfen, neue Perspektiven einzunehmen und alternative Lösungsansätze zu entwickeln. Oftmals sind wir in festgefahrenen Denkmustern gefangen und sehen nur eine begrenzte Anzahl an Möglichkeiten.

Hier kann ein Mediator helfen, neue Denkweisen zu entwickeln und neue Handlungsoptionen aufzuzeigen. Darüber hinaus kann ein Mediator auch dabei helfen, Konflikte mit anderen Personen zu lösen. Meist sind Konflikte das Ergebnis von Missverständnissen oder mangelnder Kommunikation. Ein Mediator kann hierbei helfen, die Interessen aller Beteiligten zu berücksichtigen und gemeinsam eine Lösung zu finden, mit der alle zufrieden sind.

Insgesamt ist die Unterstützung eines Mediators bei der Selbstreflexion also sehr wertvoll. Durch seine neutralen Perspektive und sein Fachwissen kann der Mediator dabei helfen, eigene Denkmuster zu durchbrechen, neue Perspektiven einzunehmen und Konflikte erfolgreich zu lösen. Wer also bereit ist, sich auf den Prozess der Selbstreflexion einzulassen, wird durch die Hilfe eines Mediators definitiv profitieren.

Kann ich Ihnen auch über die Mediation hinaus weiterhelfen?

Ja, ich verfüge über weiterführende Kontakte, die Ihnen mit Sicherheit weiterhelfen können. Ich habe in meinem beruflichen Netzwerk eine Vielzahl an Experten und Fachleuten, die auf den unterschiedlichsten Gebieten tätig sind. Gerne stehe ich Ihnen zur Verfügung und kann Ihnen bei Bedarf gezielt Kontakte vermitteln, die Ihren Anforderungen entsprechen. Dabei achte ich stets darauf, dass Sie von hochqualifizierten und zuverlässigen Personen unterstützt werden. Ich bin mir sicher, dass meine Kontakte Ihnen bei Ihrem Vorhaben weiterhelfen können, und stehe Ihnen jederzeit gerne zur Verfügung!

Wie ich Ihnen als Mediator helfen kann

Wo soll ich mich hinwenden und welche Möglichkeiten habe ich?
Hierzu stehe ich Ihnen mit meinem umfangreichen Kontaktnetzwerk zur Verfügung.

Ich verfüge über langjährige Erfahrung in der Mediation und kann Ihnen somit eine breite Palette an Möglichkeiten und Kontakten bieten, welche Ihnen zusätzlich und ergänzend weiterhelfen können.

Dabei ist es mir besonders wichtig, dass Sie sich in meinem Mediationsprozess wohl und verstanden fühlen. Ich lege großen Wert darauf, auf Ihre individuellen Bedürfnisse einzugehen und Ihnen eine angenehme Atmosphäre zu schaffen.

In meiner Arbeit als Mediator geht es für mich darum, Konflikte nicht nur oberflächlich zu lösen, sondern gemeinsam mit den Beteiligten nachhaltige Lösungen zu erarbeiten. Dabei setze ich auf einen respektvollen Umgang miteinander sowie Transparenz und Offenheit.

Ich bin davon überzeugt, dass jeder Konflikt lösbar ist – wenn man bereit ist zuzuhören und Kompromisse einzugehen. Mein Ziel dabei ist es, eine Win-Win-Situation für alle Beteiligten zu erreichen.

Gerne stehe ich Ihnen zur Seite und begleite Sie – zusammen mit meinem umfangreichen Expertenteam aus Ärzten, Psychotherapeuten, Anwälten udgl. – durch den Prozess der Konfliktlösung. Zögern Sie nicht mich anzusprechen – gemeinsam finden wir eine passende Lösung!

Nachwort

Emotionaler Missbrauch ist eine Form von Gewalt, bei der das Opfer gezielt verletzt wird und der Täter seine Macht oder Autorität ausnutzt, um das Opfer auf emotionaler Ebene zu unterdrücken. Er kann subtil sein und das Selbstwertgefühl des Opfers systematisch untergraben oder mit körperlicher Gewalt einhergehen.

Emotionaler Missbrauch kann genauso schädlich sein, wie physischer Missbrauch und schwere psychische Schäden verursachen.

Als Mediator setze ich mich dafür ein, Opfern von emotionalem Missbrauch zu helfen und sie dabei zu unterstützen, ihre Erfahrungen zu teilen und ihre eigene Stärke zu erkennen. Ebenso möchte ich dabei auch den Tätern helfen, ihre missbräuchlichen Verhaltensweisen zu reflektieren und ihnen Lösungsmöglichkeiten zur Kompensation von Aggressionen, Wut und Trauer aufzeigen damit diese eine gesunde Form der Konfliktbewältigung erlernen.

Ergänzend hierzu unterstütze ich meine Kunden mit meinem Kontaktnetzwerk.

Emotionaler Missbrauch kann sich auf verschiedene Arten äußern: durch ständige Kritik, Ignoranz oder Abwertung. Oftmals sind die Opfer von emotionalem Missbrauch so manipuliert und eingeschüchtert, dass sie glauben, selbst schuld an der Situation zu sein oder dass es normal ist. Doch das stimmt nicht! Jeder Mensch hat das Recht auf Respekt und Würde!

Als Mediator sehe ich meine Aufgabe darin, den Betroffenen zuzuhören und ihnen dabei zu helfen, ihre Gefühle auszudrücken.

Denn oft haben diese Menschen Schwierigkeiten damit umzugehen - sei es aus Angst vor Konsequenzen oder weil sie einfach keine Unterstützung erfahren haben. Meine Erfahrung zeigt mir jedoch immer wieder: Es gibt Wege heraus aus dieser belastenden Situation!

Gemeinsam können wir Strategien entwickeln und Schritte planen - sei es eine Trennung vom Partner/der Partnerin, eine Verbesserung des Verhältnisses oder beispielsweise ein Gespräch mit dem Arbeitgeber über Mobbing am Arbeitsplatz.

Ich möchte somit nochmals betonen: Niemand sollte jemals allein in einer solchen Lage bleiben müssen! Wenn Sie Hilfe benötigen, oder Fragen haben zum Thema emotionaler Missbrauch - sprechen Sie mich gerne an und ich werde Ihnen weiterhelfen!

Sofern Sie zu dem hier vorliegenden Werk Fragen, Anregungen, Lob oder Kritik haben, freue ich mich über Ihre Kontaktaufnahme unter www.stelzhammer.info oder per E-Mail an mediation@stelzhammer.info.

Mit freundlichen Grüßen,
Stefan Stelzhammer

Weiterführende Informationen

Als weiterführende Lektüre empfehle ich folgende Werke von mir zu lesen:

Wie der Schelm denkt so ist er: Eine wahre Geschichte über die einseitige Liebe zu einem Narzissten
// ISBN-13 : 979-8376784273

Eine Frau verliebt sich in einen Mann mit narzisstischer Persönlichkeitsstörung. Ehe sie ahnt, wer ihr Partner eigentlich ist, wird sie auch schon von diesem schwanger. Eine nervenaufreibende Zeit beginnt, die viele Jahre lang andauert und die kleine Familie an das Ende ihrer Belastbarkeit führt. Als die Frau dachte, nun endlich das Schlimmste überwunden zu haben und die toxische Beziehung zu ihrem narzisstischen Partner und Kindesvater beendet, fängt das wahre Grauen erst an. Was sie bis dahin noch nicht weiß: Ihr narzisstischer Ex ist weitaus mehr, als er zu sein scheint…

Die toxische Beziehung mit einem Narzissten: - ein Erfahrungsbericht
// ISBN-13 : 979-8355518929

Nach Band 1 "Die toxische Beziehung mit einem Narzissten - ein Erfahrungsbericht" folgt nun endlich dessen Fortsetzung! In Band 2 wird nun nicht länger die Charakteristik der toxischen Beziehung zwischen der alleinerziehenden Mutter und ihrem narzisstischen Partner beschrieben, sondern was passiert, wenn die toxische Beziehung zu Ende geht und die narzisstische Wut zum Vorschein kommt. Erschütternd und nervenaufreibend bis hin zum Schluss!

Alle meine Bücher finden Sie auch auf
<u>www.amazon.de</u>
oder unter
<u>https://stelzhammer.info/publikationen</u>

9 798852 541239